So wird es gemacht:

Öffne das LÜK®-Kontrollgerät und lege die Plättchen in den unbedruckten Deckel! Jetzt kannst du auf den Plättchen und auf dem Geräteboden die Zahlen 1 bis 24 sehen.

Beispiel: Seite 2 **Kopfrechnen**

Nimm das Plättchen 1 und sieh dir Aufgabe 1 an: 635 + 8 = Rechne nun diese Aufgabe im Kopf aus! Die Lösung ist 643. Dieses Ergebnis findest du unten auf der Seite bei den Lösungen, daneben steht die Zahl 9. Das ist auch die Feldzahl im Kontrollgerät, auf die du das Plättchen legen mußt. Lege also das Plättchen 1 auf das Feld 9 im Geräteboden! Die Zahl **1** muß nach oben zeigen.

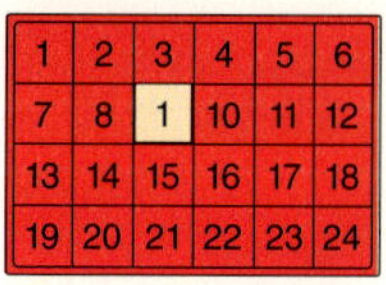

So mußt du weiterarbeiten, bis alle Plättchen im Geräteboden liegen. Schließe dann das Gerät und drehe es um! Öffne es von der Rückseite! Wenn du das bei der Übungsreihe abgebildete Kontrollmuster siehst, hast du alle Aufgaben richtig gelöst.

Passen einige Plättchen nicht in das Muster, dann hast du dort Fehler gemacht. Drehe diese Plättchen da, wo sie liegen, um, schließe das Gerät, drehe es um, und öffne es wieder! Jetzt kannst du sehen, welche Aufgaben du falsch gelöst hast. Nimm diese Plättchen heraus und suche die richtigen Ergebnisse! Kontrolliere dann noch einmal! Stimmt jetzt das Muster?

Das System ist für alle Übungen dasselbe: Die roten Aufgabennummern im Heft entsprechen immer den LÜK-Plättchen aus dem Kontrollgerät. Die schwarzen Zahlen hinter den Lösungen sagen dir, auf welches Feld des Kontrollgerätes du das Plättchen legen mußt.

Und nun viel Spaß!

Kopfrechnen

Versuche folgende Aufgaben im Kopf zu rechnen!

1	635 + 8 =	7	684 − 7 =
2	893 + 9 =	8	403 − 6 =
3	722 + 40 =	9	364 − 30 =
4	335 + 54 =	10	768 − 43 =
5	348 + 36 =	11	385 − 57 =
6	675 + 69 =	12	541 − 93 =

13	60 · 6 =	19	630 : 7 =
14	7 · 80 =	20	240 : 20 =
15	5 · 42 =	21	287 : 7 =
16	4 · 800 =	22	810 : 90 =
17	30 · 40 =	23	4800 : 80 =
18	200 · 300 =	24	3600 : 900 =

Ergebnisse:

4 → 18	9 → 2	12 → 15	41 → 17	60 → 16	90 → 14
210 → 5	328 → 22	334 → 11	360 → 3	384 → 23	389 → 10
397 → 21	448 → 20	560 → 1	643 → 9	677 → 19	725 → 24
744 → 8	762 → 12	902 → 7	1200 → 13	3200 → 4	60000 → 6

Maßeinheiten – Umwandlungen

Kennst du folgende Abkürzungen?

1 cm	2 d	3 dm	4 g	5 h	6 kg
7 km	8 l	9 m	10 s	11 Pf	12 t

Gramm – 10	Zentimeter – 9	Tonne – 2	Tag – 19
Kilogramm – 14	Meter – 17	Liter – 21	Pfennig – 22
Sekunde – 12	Dezimeter – 24	Kilometer – 7	Stunde – 5

13	10 dm	=	0,01 kg	→ 4
14	5 cm	=	0,001 km	→ 3
15	5 mm	=	0,01 t	→ 18
16	10 g	=	0,05 m	→ 13
17	10 m	=	0,05 dm	→ 23
18	10 kg	=	0,01 km	→ 1

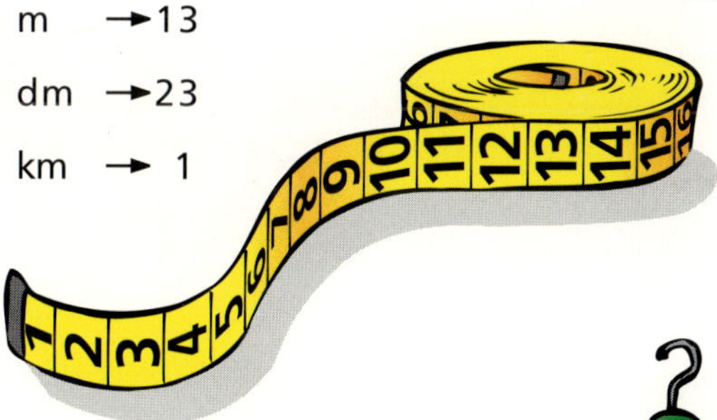

19	Ein halber Kilometer	=	500 kg	→ 20
20	Ein halber Zentimeter	=	50 mm	→ 6
21	Ein halbes Kilogramm	=	5 mm	→ 15
22	Eine halbe Tonne	=	500 m	→ 8
23	Ein halber Meter	=	500 mm	→ 16
24	Ein halber Dezimeter	=	500 g	→ 11

Allgemeinwissen

1	Malnehmen	(·)	heißt auch	addieren.	– 22
2	Teilen	(:)	heißt auch	dividieren.	– 11
3	Abziehen	(–)	heißt auch	multiplizieren.	– 9
4	Zuzählen	(+)	heißt auch	subtrahieren.	– 20
5	Das Ergebnis der Addition		heißt	Quotient.	– 15
6	Das Ergebnis der Subtraktion		heißt	Produkt.	– 17
7	Das Ergebnis der Multiplikation		heißt	Summe.	– 13
8	Das Ergebnis der Division		heißt	Differenz.	– 24

9	Welche Zahlenreihe besteht aus „Geraden Zahlen“?	(4, 9, 16, 25)	– 6
10	Welche Zahlenreihe besteht aus „Ungeraden Zahlen“?	(2, 4, 6, 8)	– 7
11	Welche Zahlenreihe besteht aus „Primzahlen“?	(1, 3, 5, 9)	– 2
12	Welche Zahlenreihe besteht aus „Quadratzahlen“?	(2, 3, 5, 7)	– 4

13	Welches Zeichen bedeutet „ist nicht gleich“?	< → 23
14	Welches Zeichen bedeutet „ist kleiner als“?	≠ → 21
15	Welches Zeichen bedeutet „ist größer als“?	> → 19
16	Welches Zeichen bedeutet „ist ungefähr“?	≈ → 10

17	Ein Jahr hat ? Tage.	4 → 18
18	Ein Jahr hat ? Monate.	7 → 1
19	Ein Jahr hat ? Jahreszeiten.	12 → 8
20	Ein Jahr hat ? Wochen (ungefähr).	24 → 12
21	Eine Woche hat ? Tage.	29 → 14
22	Ein Tag hat ? Stunden.	52 → 3
23	Eine Minute hat ? Sekunden.	60 → 16
24	Der kürzeste Monat im Schaltjahr hat ? Tage.	365 → 5

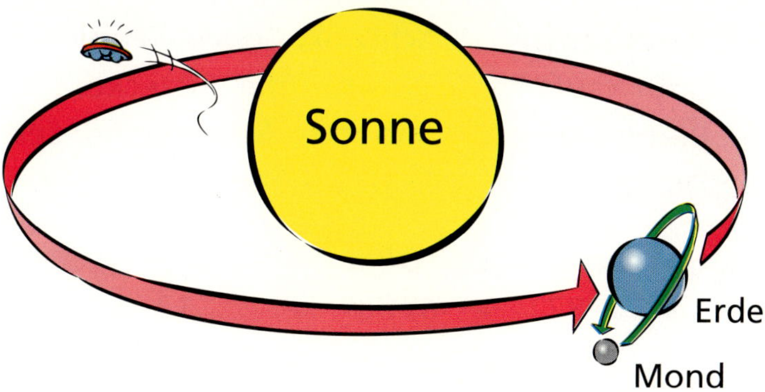

Addition

Rechne schriftlich und vergleiche die Ergebnisse!

768	937	854	1078	925	1019
+1976	+ 589	+ 738	+1254	+1297	+1689
+ 252	+1570	+1304	+ 864	+1374	+ 588
1	2	3	4	5	6

7	Familie Müller kauft:	Teppich, Stehlampe, Anbauwand
8	Familie Kern kauft:	Tischgruppe, Sessel, Couch
9	Familie Stern kauft:	Schrank, Couch, Teppich
10	Familie Roth kauft:	Tischgruppe, Sitzecke, Stehlampe
11	Familie Bernd kauft:	Sitzecke, Anbauwand, Sessel
12	Familie Dort kauft:	Sessel, 2 Teppiche

13 134042 + 72186 + 9884 + 176 =

14 157692 + 877 + 67807 + 12 =

15 94531 + 67 + 138311 + 14379 =

16 193 + 67313 + 119879 + 8903 =

17 568 + 93678 + 57296 + 24746 =

18 15931 + 113754 + 98277 + 8326 =

19 Herr Meyer ist als Vertreter viel auf der Autobahn unterwegs:
Montag 231 km, Dienstag 315 km, Mittwoch 119 km,
Donnerstag 138 km, Freitag 176 km.
Wieviel km ist er in dieser Woche gefahren?

20 Bauer Schmidt liefert jeden Tag Milch an die Molkerei:
Montag 217 l, Dienstag 306 l, Mittwoch 294 l, Donnerstag 287 l,
Freitag 251 l, Samstag 267 l, Sonntag 256 l.
Wieviel Liter Milch hat er während einer Woche geliefert?

21 Familie Schröter zahlt jährlich folgende Versicherungsbeträge:
Krankenversicherung 4654 DM, Hausratsversicherung 1687 DM,
Autoversicherung 963 DM, Haftpflichtversicherung 159 DM.
Gesamtbetrag?

22 Familie Hobel fährt mit dem Auto in den Urlaub. Vater rechnet:
Hotelkosten: 1482 DM, Benzinkosten 243 DM, Straßengebühr 198 DM,
Taschengeld 550 DM.
Gesamtkosten?

23 Peter spart für einen Computer. Er hat schon 556 DM auf dem Sparbuch.
Oma gibt ihm an seinem Geburtstag 134 DM, seine Tante 75 DM.
Er verkauft alte Schulbücher und erhält 221 DM.
Wieviel DM hat er jetzt?

24 Familie Kunz legt einen Garten an:
Umzäunung 128 DM, Beetplatten 96 DM, Bäume 875 DM,
Sträucher 234 DM, Gartenteich 4082 DM.
Gesamtkosten?

Ergebnisse

(Die Bezeichnungen DM, km, l sind hier weggelassen.)

979 – 11	986 – 9	1878 – 10	2473 – 6
2896 – 13	2996 – 16	3096 – 18	3196 – 15
3296 – 17	3596 – 19	4346 – 24	5415 – 7
5785 – 20	6229 – 21	7074 – 23	7463 – 8
7534 – 14	9083 – 22	176288 – 12	196288 – 4
216288 – 3	226388 – 5	236288 – 2	247288 – 1

Subtraktion

Rechne schriftlich und vergleiche die Ergebnisse!

9678	6086	7000	8376	7254	8421
– 5363	– 1871	– 2585	– 4259	– 5879	– 4763
1	2	3	4	5	6

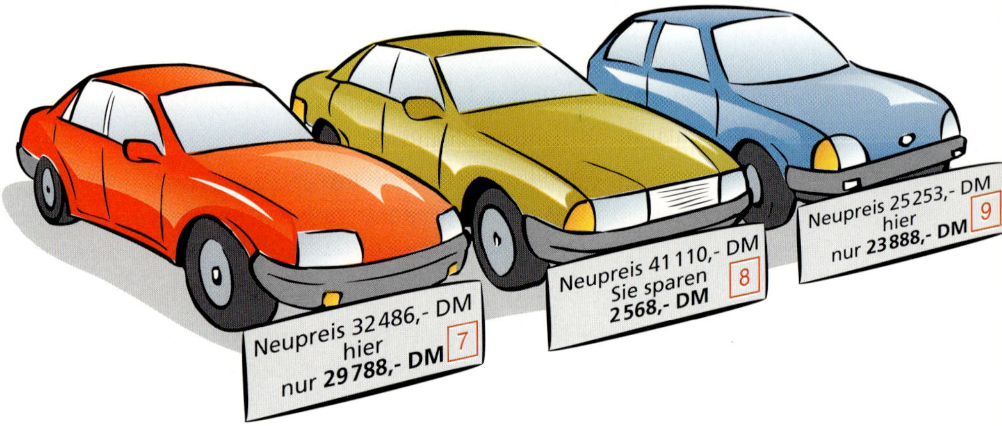

Sie sparen ? DM 7

Es kostet ? DM 8

Sie sparen ? DM 9

73052	100000	94258	231758	341900	124679
– 34187	– 44653	– 36346	– 118968	– 109673	– 54086
– 19675	– 27536	– 38481	– 98591	– 175913	– 68519
10	11	12	13	14	15

16 Wieviel DM ist das Sommerkleid billiger als das Cocktailkleid?

17 Wieviel DM ist das Abendkleid teurer als das Kostüm?

18 Frau Stork kauft das Sommerkleid und das Abendkleid und bezahlt mit einem 1000 DM-Schein. Wieviel DM erhält sie zurück?

19 Dirk bekam eine Freikarte für 1 000 km mit der Bundesbahn. Zuerst will er seine Tante in Frankfurt besuchen: 258 km, dann fährt er nach Köln: 215 km, dann nach Hamburg: 453 km. Wieviel km kann er noch fahren?

20 Der Fahrer der Heizöllieferfirma verläßt morgens das Betriebsgelände. Sein Tankwagen ist voll und faßt 20 000 l. Er liefert an Familie Weiß 4 512 l Öl, an Familie Maus 3 948 l, an Familie Dörr 5 258 l und an Familie Michel 4 783 l. Wieviel Liter Öl befinden sich noch im Tankwagen?

21 Du nimmst von 212 so oft 27 weg, bis ein Rest bleibt. Was bleibt übrig?

22 Herr Speicher verdient monatlich 4 528 DM. Davon bezahlt er Miete 917 DM, Raten fürs Auto 523 DM und 628 DM Versicherungen. Wieviel DM hat Familie Speicher zum Leben?

23 Familie Maurer hat 555 555 DM bei einer Lotterie gewonnen. Sie kaufen ein Haus für 398 258 DM, ein Auto für 34 693 DM und fahren in Urlaub für 9 678 DM. Wieviel DM können sie noch sparen?

24 Herr Becker macht eine Woche Wanderurlaub. Er wandert von Nürnberg nach Garmisch-Partenkirchen (257 km). Montags schafft er 47 km, dienstags 44 km, mittwochs 51 km, donnerstags 38 km, freitags 43 km, samstags 33 km. Wieviel km muß er sonntags noch zurücklegen?

Ergebnisse

(Die Bezeichnungen km, DM und l sind hier weggelassen.)

1 – 12	23 – 23	74 – 10	108 – 6
165 – 9	352 – 14	1 365 – 5	1 375 – 11
1 499 – 7	2 074 – 17	2 460 – 4	2 698 – 21
3 658 – 16	4 117 – 2	4 215 – 15	4 315 – 13
4 415 – 18	14 199 – 1	19 190 – 24	19 431 – 22
27 811 – 8	38 542 – 19	56 314 – 3	112 926 – 20

Geometrie I – Flächen und Körper

Suche folgende Flächen heraus:

1 Kreis   2 Quadrat   3 Rechteck   4 Dreieck

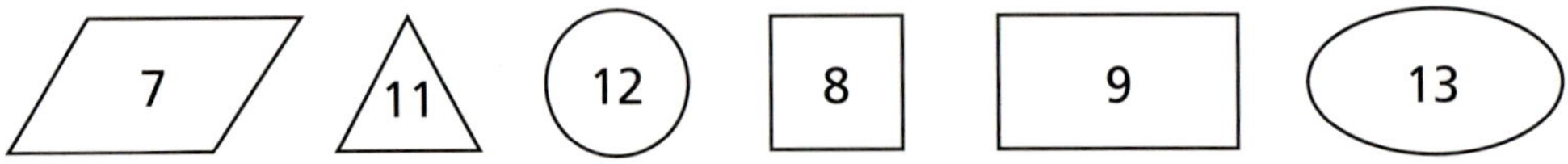

Zeige folgende Körper:

5 Würfel   6 Quader   7 Kugel   8 Zylinder   9 Pyramide   10 Kegel

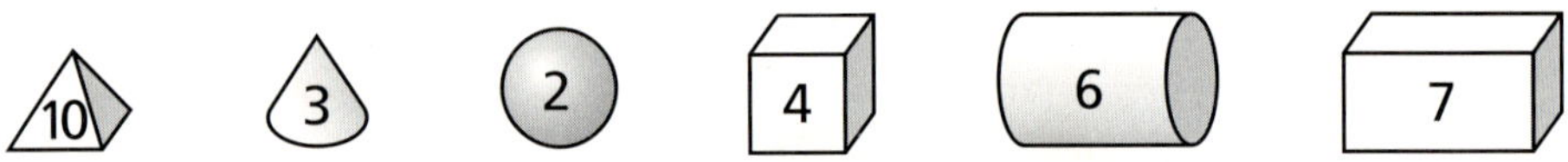

Mit wievielen der Bausteine wurde die Burg erbaut?

11	Wie viele Quader?	6 – 24
12	Wie viele Würfel?	15 – 5
13	Wie viele Pyramiden?	13 – 1

14	Wie viele Ecken hat ein Würfel?	0	–	13
15	Wie viele Flächen hat ein Würfel?	2	–	14
16	Wie viele Kanten hat ein Würfel?	4	–	21
17	Wie viele Seiten eines Quaders müssen gleichgroß sein?	6	–	22
18	Wie viele Kanten eines Quaders müssen gleichlang sein?	8	–	20
19	Wie viele Kanten hat eine Kugel?	10	–	18
		12	–	23

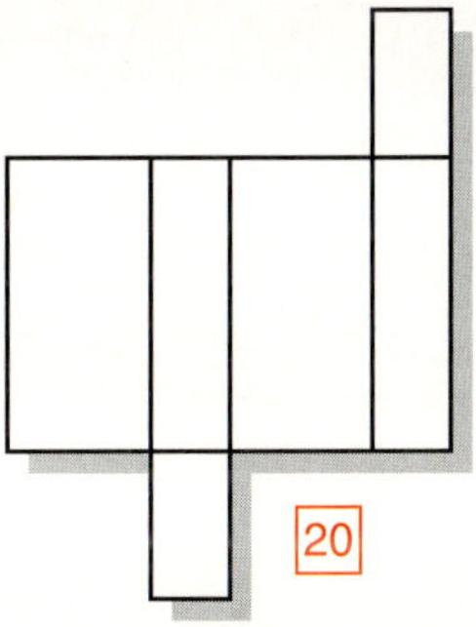
20

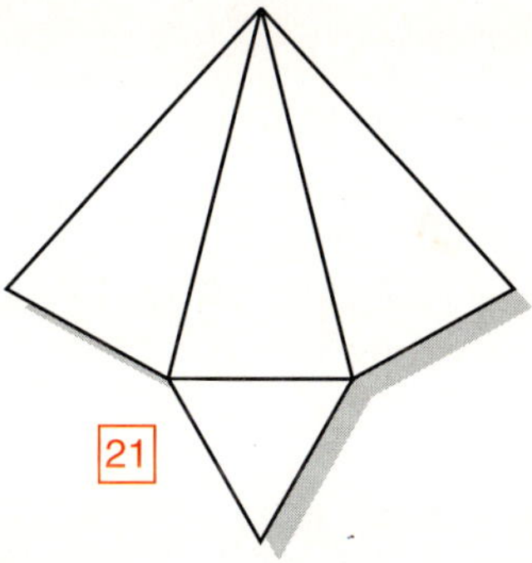
21

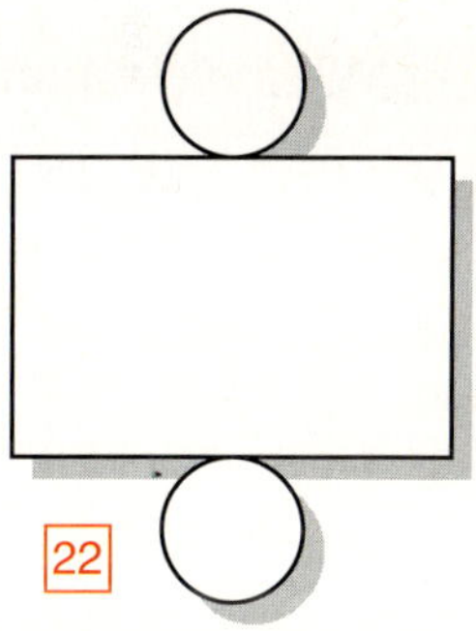
22

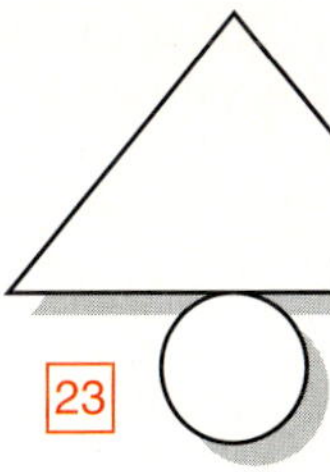
23

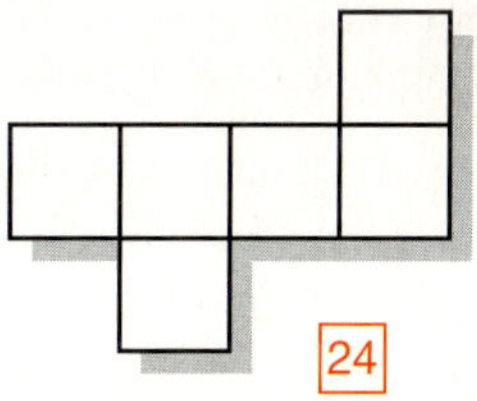
24

Wir haben Körper (aus Pappe) auseinandergeschnitten. Zu welchen Körpern kannst du sie wieder zusammenkleben?

Pyramide	Kegel	Zylinder	Quader	Würfel
I	I	I	I	I
16	17	19	18	15

Multiplikation

Rechne schriftlich und vergleiche die Ergebnisse!

1 35 · 7   2 86 · 9   3 75 · 6   4 43 · 5   5 27 · 8

6 Wie viele Joghurtbecher sind es?

7 Wie viele Schrauben sind es?

8 Wie viele LÜK-Hefte sind es?

9 Wie viele Konservendosen sind es?

10 134 · 68   11 254 · 93   12 326 · 47   13 278 · 83   14 197 · 75

Wieviel DM beträgt jeweils die Rechnung?

15 Firma Scholl bestellt 17 Elektroherde.

16 Firma Kühl bestellt 25 Kühlschränke.

17 Firma Sauber bestellt 13 Waschmaschinen.

18 Firma Heiß bestellt 117 Bügeleisen.

19 Peter geht mit seinen vier Freunden in den Freizeitpark. Der Eintritt kostet 17 DM pro Person. Wieviel DM müssen sie zahlen?

20 Das Bauamt verlegt in der gesamten Schillerstraße 17 m lange Rohre. Es werden 56 Rohre gebraucht. Wie lang ist die Schillerstraße?

21 Eine Wochenzeitschrift kostet 7 DM. Kosten für fünf Jahre? (ungefähr)

22 Tennisbälle werden in Dosen verpackt – 4 Tennisbälle pro Dose. Vier Dosen kommen in eine Schachtel, drei Schachteln in ein Paket. Das Sportgeschäft „Tennis-Meyer" bestellt 38 Pakete. Wieviel Tennisbälle sind das?

23 Eine Runde auf der Laufbahn des Stadions sind genau 384 m. Toni läuft 17 Runden. Wieviel m ist er gelaufen?

24 Schornsteinfegermeister Walter erhält in jedem Haus 54 DM für die Säuberung der Kamine und die Wartung der Heizung. Im Monat April hat er in 324 Häusern gearbeitet. Wie hoch ist die Gesamteinnahme?

Ergebnisse

(Die Bezeichnungen DM und m sind hier weggelassen.)

85 – 17	112 – 11	189 – 15	215 – 7
216 – 3	245 – 8	300 – 6	450 – 16
496 – 2	774 – 12	952 – 14	1820 – 9
1824 – 23	6528 – 13	6903 – 22	9112 – 4
14775 – 24	15322 – 5	15912 – 18	16779 – 21
17496 – 10	20575 – 19	23074 – 20	23622 – 1

Auch für das Teilen gibt es Regeln

Bilde die Quersumme folgender Zahlen:

1 2832 | 2 6741 | 3 3409 | 4 7019

Die Quersummen heißen:	15	16	17	18	19
	18	10	17	14	12

Eine Zahl ist teilbar:

5	durch 2, wenn	→ die beiden letzten Ziffern durch diese Zahl zu teilen sind.	– 20
6	durch 3, wenn	→ die Quersumme durch 3 zu teilen ist und die letzte Ziffer gerade ist.	– 9
7	durch 4, wenn	→ die letzte Ziffer gerade ist.	– 21
8	durch 5, wenn	→ die letzte Ziffer eine 0 oder eine 5 ist.	– 24
9	durch 6, wenn	→ die Quersumme durch diese Zahl zu teilen ist.	– 13

Welche Zahl dieser Zahlenreihe ist teilbar
10 durch 2?
11 durch 3?
12 durch 5?

59	67	74	77	85	87
7	11	22	15	19	23

Welche Zahl dieser Zahlenreihe ist teilbar
13 durch 4?
14 durch 6?
15 durch 10?

109	110	116	117	126	131
8	3	6	14	2	17

Welche Zahl dieser Zahlenreihe ist teilbar
16 durch 4?
17 durch 5?
18 durch 9?

125	126	127	131	137	148
8	4	11	1	15	5

19 Eine der folgenden Zahlen ist nicht durch 2 teilbar:

22	34	88	76	39	62	98
12	16	23	6	7	8	10

20 Eine der folgenden Zahlen ist nicht durch 3 teilbar:

15	24	39	46	51	69	72
7	15	2	12	18	23	5

21 Eine der folgenden Zahlen ist nicht durch 4 teilbar:

32	48	56	68	76	88	94
17	20	3	14	13	18	15

22 Eine der folgenden Zahlen ist nicht durch 5 teilbar:

35	40	57	60	80	95	100
13	4	1	7	16	2	10

23 Eine der folgenden Zahlen ist nicht durch 6 teilbar:

42	54	78	94	102	114	126
5	17	24	11	9	18	12

24 Eine der folgenden Zahlen ist nicht durch 9 teilbar:

63	81	99	126	144	162	178
3	9	14	5	10	15	16

Division

Rechne, wo es nötig ist, schriftlich, und vergleiche die Ergebnisse!

Mit oder ohne Rest?

1 96 588 : 8 =	2 34 524 : 6 =	3 152 676 : 4 =	4 53 478 : 9 =
m. R. 19 · o. R. 7	m. R. 18 · o. R. 9	m. R. 11 · o. R. 24	m. R. 15 · o. R. 8

5 84 231 : 7 =

6 136 461 : 3 =

7 42 808: 8 =

8 175 255 : 5 =

9 Die Würste werden in Dosen zu je 6 Würste verpackt. Wie viele Dosen benötigt man?

375 690 : 30 = 10

124 680 : 20 = 11

237 120 : 60 = 12

758 680 : 40 = 13

14 Auf einer Strecke von 1 860 m werden 12 m lange Rohre verlegt. Wie viele Rohre werden benötigt?

Je 529 200 Tischtennisbälle werden verpackt. Für die einzelnen Länder sind die Verpackungsgrößen verschieden. Wie viele Kartons sind es?

15 für Deutschland bei Kartons zu je 30 Bällen?

16 für Frankreich bei Kartons zu je 40 Bällen?

17 für Italien bei Kartons zu je 50 Bällen?

18 für Spanien bei Kartons zu je 60 Bällen?

19 für Österreich bei Kartons zu je 70 Bällen?

---

20 Tom und seine 4 Freunde gewinnen im Lotto 42 400 DM. Sie verteilen den Gewinn zu gleichen Teilen. Wieviel DM erhält jeder?

21 5 Familien kaufen gemeinsam ein Stück Ackerland, um dort Gärten anzulegen. Sie teilen sich den Kaufpreis von 46 335 DM. Wieviel DM muß jede Familie bezahlen?

Peter und seine drei Freunde erhalten für gemeinsames Zeitungsaustragen in den Ferien 380 DM. Jeder von ihnen erhält gleichviel Geld. Aber Peter erhält 20 DM mehr, weil er diesen Job besorgt hatte.

22 Wieviel DM erhält Peter?

23 Wieviel erhält jeder andere?

24 Ein Vertreter fuhr im letzten Jahr 47 003 km. Wieviel ist er durchschnittlich pro Monat gefahren, wenn er einen Monat Urlaub hatte?

Ergebnisse

90 – 14	110 – 21	155 – 22	275 – 11
3 952 – 3	4 273 – 6	5 351 – 4	6 234 – 2
7 560 – 16	8 480 – 1	8 820 – 12	9 267 – 17
10 584 – 15	12 033 – 5	12 523 – 18	13 230 – 20
17 640 – 23	18 967 – 7	35 051 – 13	45 487 – 10

Geometrie II – Umfang und Flächeninhalt

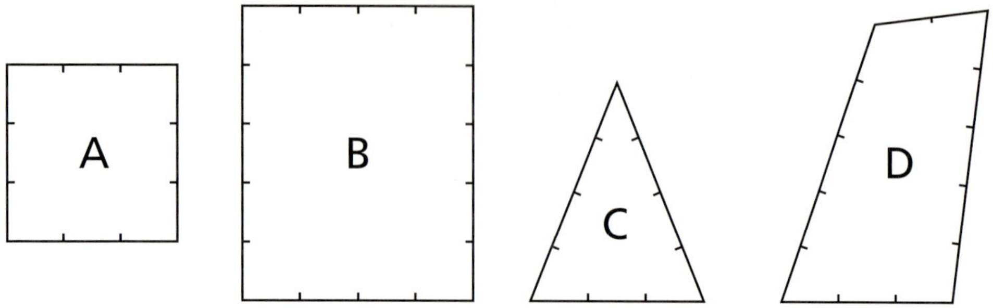

Bestimme bei den oben gezeichneten Flächen den Umfang!
(⊢——⊣ ≙ 1 cm)

1 Fläche A = ? cm Umfang
2 Fläche B = ? cm Umfang
3 Fläche C = ? cm Umfang
4 Fläche D = ? cm Umfang

Ein Bauer zäunt drei seiner Wiesen ein. Die Zaunpfosten stehen im Abstand von 10 m.

Wieviel m Zaun braucht er für

5 Wiese 1? 6 Wiese 2? 7 Wiese 3?

8 Ein Spielplatz hat die Form eines Quadrates. Eine Seite ist 35 m lang. Berechne den Umfang!

Der Umfang eines rechteckigen Bauplatzes ist 120 m. Wie lang und wie breit könnte dieser Bauplatz sein?

9 40 m lang und 20 m breit möglich – 9 unmöglich – 15	10 35 m lang und 15 m breit möglich – 7 unmöglich – 4	11 50 m lang und 10 m breit möglich – 12 unmöglich – 23

	A	B	C
Umfang des Rechtecks	92,00 m	13	110 m
Breite des Rechtecks	30,00 m	20,00 m	14
Länge des Rechtecks	12	17,00 m	36,00 m

Berechne von den Rechtecken A, B, C die fehlenden Werte!

Wie viele Platten braucht man für diese Flächen?

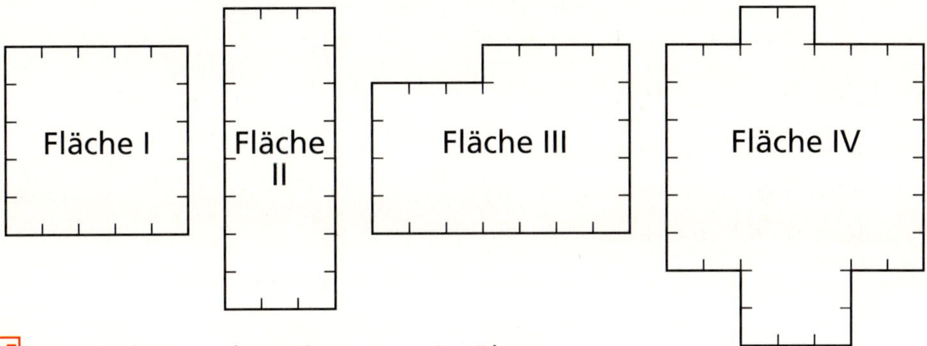

15 Für Fläche I benötigt man ? Platten.

16 Für Fläche II benötigt man ? Platten.

17 Für Fläche III benötigt man ? Platten.

18 Für Fläche IV benötigt man ? Platten.

19 Ein Rechteck ist 12 cm lang und 6 cm breit. Dieses Rechteck hat einen Flächeninhalt von ? Zentimeterquadraten.

20 Ein Quadrat hat einen Flächeninhalt von 64 Zentimeterquadraten. Wieviel cm ist jede Seite lang?

Wie berechne ich den

21	Umfang eines Rechtecks?	Länge mal Breite	– 24
22	Umfang eines Quadrats?	(Länge + Breite) mal 2	– 15
23	Flächeninhalt eines Rechtecks?	Länge mal 4	– 2
24	Flächeninhalt eines Quadrats?	Länge mal Länge	– 16

Restliche Ergebnisse

8 – 11	11 – 10	12 – 17	15 – 6	16 – 20
18 – 1	19 – 13	24 – 18	25 – 21	32 – 19
50 – 22	72 – 8	74 – 5	120 – 14	140 – 23
160 – 3	220 – 7			

Die vier Grundrechenarten

131 689 + 72 543 = ___ [1] / ___ : 8 = ___ [2] / ___ · 17 = ___ [3]

100 000 – 64 560 = ___ [4] / ___ : 20 = ___ [5] / ___ · 35 = ___ [6]

356 · 124 = ___ [7] / ___ – 27 594 = ___ [8] / ___ : 50 = ___ [9]

Addiere die Zahlen 3 156 und 4 782 [10]! Dividiere die Summe durch 9 [11], und multipliziere das Ergebnis mit 24 [12]!

Addiere die Zahlen 27 553 und 46 647 [13]! Dann multipliziere die Zahlen 458 und 265 [14]! Subtrahiere jetzt die Summe vom Produkt [15]!

Die Differenz der Zahlen 1 156 und 942 [16] multipliziere mit 48 [17], und dividiere das Produkt durch 6 [18]!

[19] Nimm von 4 736 die Hälfte, davon wieder die Hälfte usw. bis es nicht mehr geht (d. h. bis zur letzten ganzen Zahl)!

Hotel A

Hauptsaison

1 Erwachsener pro Woche 542 DM
je Kind die Hälfte

Hotel B

Hauptsaison

Familienurlaub (bis 3 Kinder)
pro Woche 1 356 DM

20 Was kostet ein zweiwöchiger Urlaub für Familie Scheit (Eltern, drei Kinder) in Hotel A?

21 Um wieviel DM ist für dieselbe Familie der Urlaub in der gleichen Reisezeit für die gleiche Reisedauer im Hotel B billiger?

22 Das Bekleidungshaus „Klöppel" kauft 54 Anzüge zu je 148 DM und verkauft sie für je 212 DM. Wie hoch ist der Gewinn?

23 Eine Woche (7 Tage) Aufenthalt im Hotel „Kaiser" kostet 651 DM. Herr Keil will aber neun Tage bleiben. Wieviel muß er bezahlen?

24 Mike hat 236 DM gespart. Die Hälfte seines Geldes zahlt er für die Urlaubsfahrt mit dem Turnverein. 37 DM muß er seiner Mutter zurückgeben. Vom Rest des Geldes kauft er sich 3 CDs seiner Lieblingsgruppe im Sonderangebot. Wie teuer ist eine CD?

Ergebnisse

(Bezeichnungen wie DM sind hier weggelassen.)

27 – 24	37 – 20	214 – 16	331 – 5
837 – 22	882 – 10	1 082 – 23	1 712 – 18
1 772 – 11	3 456 – 14	3 794 – 21	7 938 – 12
10 272 – 19	16 550 – 9	21 168 – 8	25 529 – 1
35 440 – 4	44 144 – 7	47 170 – 17	62 020 – 2
74 200 – 15	121 370 – 13	204 232 – 3	433 993 – 6

Sachaufgaben

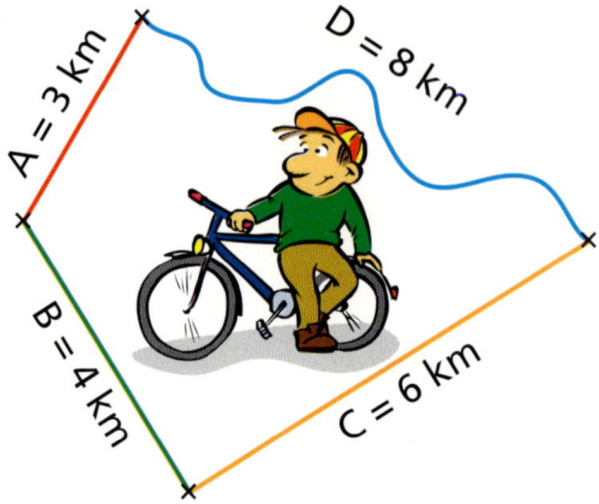

Kai fährt Fahrrad.
In der Stunde schafft er 12 km.

Wieviel Minuten braucht er

1 für Strecke A?

2 für Strecke B?

3 für Strecke C?

4 für Strecke D?

Kai ist 26 280 Stunden alt; Alf 43 824 Stunden. Alf hat bisher in seinem Leben ein Schaltjahr erlebt.

5 Wie alt ist Kai?

6 Wie alt ist Alf?

Fahrplan

	Bus 1	Bus 2	Bus 3	Bus 4
Seebach	8.15 Uhr	9.18 Uhr	10.27 Uhr	11.48 Uhr
Dorf	↓	9.39 Uhr	10.48 Uhr	↓
Berg	8.42 Uhr	↓	11.06 Uhr	
Sand	8.57 Uhr	10.15 Uhr	↓	
Stadion	9.37 Uhr	10.55 Uhr	11.45 Uhr	12.57 Uhr

Wie lange brauchen die verschiedenen Busse für die Strecke Seebach – Stadion?

7 Bus 1 braucht — 1 h 9 min. – 24

8 Bus 2 braucht — 1 h 22 min. – 15

9 Bus 3 braucht — 1 h 37 min. – 19

10 Bus 4 braucht — 1 h 18 min. – 17

Am 27. Juli 1994 war Tom 7 Jahre, 3 Monate und 14 Tage alt.
Seine Schwester Julia war 11 Jahre, 8 Monate und 20 Tage alt.
(Schaltjahre sind nicht berücksichtigt.)

11 Wann ist Tom geboren?
- am 13. Mai 1986 – 24
- am 13. April 1987 – 20

12 Wann ist Julia geboren?
- am 7. Dezember 1982 – 16
- am 7. Dezember 1983 – 21

Sind diese Rechnungen richtig oder falsch?

13	14	15	16
12,64	13,61	15,04	12,38
17,07	12,74	22,87	7,44
25,16	8,94	17,52	19,57
8,34	19,72	19,44	8,36
			3,24
63,21	55,01	64,87	50,99
r – 1 f – 6	r – 9 f – 4	r – 7 f – 5	r – 2 f – 8

17 Doris hat 100 DM gespart. Sie kauft sich eine Bluse für 29,50 DM und ein T-Shirt für 18,20 DM. Wieviel DM hat sie noch?

18 Ein Obstbäumchen kostet 43,70 DM. Peters Eltern kaufen zwei Kirsch-, ein Apfel- und ein Birnenbäumchen. Wie hoch sind die Gesamtkosten?

19 Tonis Eltern kaufen einen Gartentisch und vier Gartenstühle. Insgesamt zahlen sie 601 DM. Der Gartentisch kostet 245 DM. Wieviel kostet ein Gartenstuhl?

20 Jan geht einkaufen. Er hat 100 DM dabei. Er kauft: Fleisch – 14,64 DM, Butter – 4,56 DM, Trauben – 5,87 DM, Waschpulver – 16,85 DM und holt die neubesohlten Schuhe ab – 34,80 DM. Wieviel Geld hat er noch?

21 Katrin geht einkaufen: 125 g Wurst, ein Brot (1/2 kg), ein viertel Kilo Erdbeeren und 1 1/2 kg Fleisch. Welches Gewicht muß sie heimtragen, wenn die Tasche 156 g wiegt? Gib das Gewicht in kg an!

22 Herr Bauer faßt den Gartenpfad beidseitig auf einer Länge von 18 m ein. Eine Beetplatte ist 0,60 m lang. Wie viele Beetplatten braucht er?

23 Ein Kasten Sprudel kostet 5,76 DM. Wieviel kostet eine Flasche?

24 Sechs Rosen kosten 9,60 DM und 8 Nelken kosten 6,80 DM. Silke kauft 4 Rosen und 2 Nelken. Wieviel kostet der Strauß?

Ergebnisse der Aufgaben, bei denen die Ergebnisse nicht angegeben waren.
(Bezeichnungen sind weggelassen.)

0,48 – 8	2,531 – 11	3 – 23	5 – 4	8,10 – 12
15 – 13	20 – 3	23,28 – 7	30 – 18	40 – 14
52,30 – 21	60 – 10	89 – 22	174,80 – 6	

Wie römische Kinder rechneten

Archäologen fanden bei Ausgrabungen in Rom Bruchstücke von Schiefertafeln römischer Schulkinder. Kannst du nachrechnen, ob alles stimmt?

I = 1 V = 5 X = 10 L = 50 C = 100

I vor V, X, L oder C = −1

I hinter V, X, L oder C = +1

VII + XV = XXII
[1] [2] [3]

XXIII + XXXVIII = LXI
[4] [5] [6]

LXXXII − XXIV = LVIII
[7] [8] [9]

XXXIV − XVIII = XVI
[10] [11] [12]

XI · VI = LXVI
[13] [14] [15]

XVII · V = LXXXV
[16] [17] [18]

XXXII : VIII = IV
[19] [20] [21]

LXXIV : XXXVII = II
[22] [23] [24]

2 – 11	4 – 12	5 – 8	6 – 20	7 – 21	8 – 3
11 – 15	15 – 14	16 – 1	17 – 16	18 – 10	22 – 17
23 – 22	24 – 9	32 – 7	34 – 5	37 – 4	38 – 6
58 – 18	61 – 13	66 – 24	74 – 19	82 – 2	85 – 23